BEI GRIN MACHT SICH IHR WISSEN BEZAHLT

AF152921

- Wir veröffentlichen Ihre Hausarbeit, Bachelor- und Masterarbeit

- Ihr eigenes eBook und Buch - weltweit in allen wichtigen Shops

- Verdienen Sie an jedem Verkauf

Jetzt bei www.GRIN.com hochladen und kostenlos publizieren

Eric Heffenträger

Bundesverfassungsgericht vs. Europäischer Gerichtshof?

Kompetenzkonflikte und politische Folgen

GRIN Verlag

Bibliografische Information der Deutschen Nationalbibliothek:

Die Deutsche Bibliothek verzeichnet diese Publikation in der Deutschen National-
bibliografie; detaillierte bibliografische Daten sind im Internet über http://dnb.d-
nb.de/ abrufbar.

Impressum:

Copyright © 2011 GRIN Verlag GmbH
Druck und Bindung: Books on Demand GmbH, Norderstedt Germany
ISBN: 978-3-656-15447-1

Dieses Buch bei GRIN:

http://www.grin.com/de/e-book/190811/bundesverfassungsgericht-vs-europaeischer-
gerichtshof

GRIN - Your knowledge has value

Der GRIN Verlag publiziert seit 1998 wissenschaftliche Arbeiten von Studenten, Hochschullehrern und anderen Akademikern als eBook und gedrucktes Buch. Die Verlagswebsite www.grin.com ist die ideale Plattform zur Veröffentlichung von Hausarbeiten, Abschlussarbeiten, wissenschaftlichen Aufsätzen, Dissertationen und Fachbüchern.

Besuchen Sie uns im Internet:

http://www.grin.com/

http://www.facebook.com/grincom

http://www.twitter.com/grin_com

Universität Leipzig

Institut für Politikwissenschaft

Sommersemester 2011

Datum der Abgabe : 19.07.2011

Bundesverfassungsgericht vs.

Europäischer Gerichtshof?

Kompetenzkonflikte und politische Folgen

Seminar: Rechtsgrundlagen des politischen Systems

Autor: Eric Heffenträger

Kernfach: M.A. Politikwissenschaft (2. Fachsemester)

Inhaltsverzeichnis

1. Einleitung

Fragestellungen rund um die Europäische Union haben in den Sozialwissenschaften mittlerweile Hochkonjunktur. Im Hinblick auf die weit fortgeschrittene europäische Integration ist dies allerdings auch kein Wunder, denn immer mehr Lebensbereiche der UnionsbürgerInnen sind von den Regelungen und Entscheidungen der EU betroffen. Am aktuellen Beispiel von Griechenland zeigt sich dies in teilweise drastischer Art und Weise, aber auch „einfache" Dinge, wie die Umstellung von staatenweiten zu internationalen Kontonummern, sind durch Absprachen im supranationalen Rahmen beeinflusst. Die angestrebte Überwindung nationaler Grenzen stößt insgesamt selten auf große Zustimmung und wird stattdessen meist mit Argwohn betrachtet.[1] Dabei spielen Stichworte wie nationale Identität oder Souveränität eine verstärkte Rolle.

Aus deutscher Sicht verbinden wir mit diesen Punkten vor allem ein Dokument: das Grundgesetz. Wie wichtig es ist, zeigt sich an der eigens für seinen Schutz geschaffenen Institution in Form des Bundesverfassungsgerichts. Auf der Ebene der Europäischen Union findet sich ein ähnliches Gebilde. Der Europäische Gerichtshof wurde hier errichtet, um unter anderem einen gewissen Grundrechtsstandard zu wahren. Deutschland ist eingebunden in beide Rechtsebenen (Bundesrecht und Gemeinschaftsrecht), womit sich bereits die häufig juristisch diskutierte Frage nach einem Kompetenzkonflikt zwischen den beiden hohen Gerichten andeutet. Ich möchte diese Problematik unter vorrangig politischen Gesichtspunkten in meiner Hausarbeit beleuchten und dabei die juristische Perspektive aus dem Zentrum der Betrachtung nehmen.

Natürlich handelt es sich hier insgesamt um keine „typisch deutsche Diskussion", aber die Betrachtung aus deutscher Sicht lohnt sich nicht zuletzt aufgrund der einzigartigen Stellung des BVerfG. Im ersten Teil meiner Hausarbeit will ich genau diesen Punktm herausarbeiten, um anschließend den EuGH gegenüberzustellen. Da die Einschätzung hinsichtlich eines politischen Konfliktpotentials möglichst aktuell sein soll, werde ich unter Punkt 4 das Urteil des BVerfG zum Lissabon-Vertrag von 2009 als Beispiel nutzen, welches mich anschließend auf meine Leitfragen zurückführen soll: Existiert tatsächlich ein Konfliktpotential zwischen dem BVerfG und dem EuGH? Wie ist das Verhältnis und wie sind mögliche Konflikte (real)politisch zu bewerten? Die Zusammenfassung dient schließlich einem Fazit und einer persönlichen Einschätzung der Konfliktproblematik.

---

[1] Als Beispiel lässt sich ein aktueller Bericht des Eurobarometers heranziehen (verfügbar unter: http://ec.europa.eu/public_opinion/archives/eb/eb73/eb73_first_de.pdf). Die Befürwortung der Mitgliedschaft des eigenen Landes in der EU ist demnach gesunken (vgl. ebd. S. 13).

2. Das Bundesverfassungsgericht

Generell wird zwischen einer „diffusen Verfassungsgerichtsbarkeit" [2] und einer „konzentrierten Verfassungsgerichtsbarkeit" [3] unterschieden, wobei das deutsche System zur zweiten Variante gezählt wird. Das BVerfG ist dabei im Vergleich zu anderen Staaten mit einem ähnlichen System (z.B. Österreich) noch einmal hervorzuheben, da es mit einer hohen Fülle an Kompetenzen und Aufgaben ausgestattet ist und auf Grund dessen eine besondere Stellung genießt. International wird es sicher auch deshalb von vielen Gerichten als Vorbild von Verfassungsgerichtsbarkeit behandelt (vgl. Schlaich & Korioth 2010: 2ff.). Diese Hinweise scheinen mir für die politische Betrachtung in meiner Hausarbeit von großer Bedeutung zu sein und verdienen es daher genauer beleuchtet zu werden.

Die Idee einer gesonderten Verfassungsgerichtsbarkeit steht in Deutschland in einer langen Tradition. Ein Reichsgericht mit dieser Aufgabe sah so bereits schon die Reichsverfassung von 1849 vor, wobei sie aufgrund der politischen Gegebenheiten nicht zum Zuge kam. Auch in der Weimarer Republik gab es Ansätze für ein entsprechendes System. [4] Es ist aber deutlich erkennbar, dass das BVerfG im Bezug auf seine Kompetenzen keinen vergleichbaren Vorläufer hat, sondern eine einzigartige Institution gespeist aus verschiedenen grundlegenden Ideen ist (vgl. Schlaich & Korioth 2010: 1f.). Das Gericht nimmt seit seiner „Eröffnung" am 28.09.1951 folgende Aufgaben wahr: Kontrolle von Gerichtsentscheidungen, Kontrolle der Exekutive, Kontrolle von Gesetzgebungsakten, Verfassungsgerichtliche Streitentscheidungen zwischen Verfassungsorganen und weitere spezielle Verfahren (z.B. Parteiverbotsverfahren) (Schlaich & Korioth 2010: 4ff.). Der „Hüter der Verfassung" nutzt als Grundlage für seine Interpretation immer das Grundgesetz der Bundesrepublik Deutschland (vgl. Voigt 2006: 65), wodurch er den Grundrechtsschutz in „politisch herausragender, dominierender und zudem auch verfahrensmäßig abschließender Weise" (Schlaich & Korioth 2010: 14) fördert.

Seine besondere Stellung ist allerdings nicht nur an der Vielzahl von wichtigen Aufgaben erkennbar. Ein weiterer Punkt im Bezug auf den hohen Status des BVerfG ist die weitreichende Autonomie. Es gibt sich selber eine Geschäftsordnung (wie Bundestag und Bundesrat), untersteht keiner Dienstaufsicht, ressortiert nicht bei einem Ministerium, stellt seinen Haushalt selbst und der Präsident ist der oberste Dienstherr der Beamten des Gerichts

---

[2] In diesem Fall liegt die Verfassungsgerichtsbarkeit bei den ordentlichen Gerichten. Eine andere Bezeichnung für diese Form ist auch „Einheitsmodell".
[3] Eine andere Bezeichnung ist hier auch das „Trennungsmodell". Es handelt sich sozusagen um eine Verfassungsgerichtsbarkeit in Form eines eigenen Verfassungsgerichtshofes.
[4] Hier in Form des Staatsgerichtshofes, der vorwiegend in Organstreitigkeiten tätig wurde.

(vgl. Schlaich & Korioth 2010: 18). Hier stellt sich nun die Frage: Welche Quelle(n) hat der hohe Status des BVerfG?

Als erste und wichtigste Ressource ist die Autorität des Grundgesetzes zu nennen. Nicht umsonst bezeichnet es der derzeitige Präsident des Deutschen Bundestages, Norbert Lammert, in seinem Geleitwort für die aktuelle Ausgabe als „das wichtigste Dokument unseres demokratischen Selbstverständnisses". Es ist konstitutiv für die Bundesrepublik und genießt damit höchste politische Bedeutung. Dennoch ist die Stellung des BVerfG damit nicht selbstverständlich. Gerade in der Anfangszeit der Bundesrepublik unter Kanzler Adenauer wurde der Status des Gerichts immer wieder bestritten. Im Hinblick auf den Regierungsstil von Adenauer und dem generell geringen Interesse von Politikern an einer starken Verfassungsgerichtsbarkeit für die Praxis ist dies allerdings auch kaum verwunderlich. Mithilfe der „Statusdenkschrift"[5] (ein Katalog von Forderungen, der die Kompetenzen des BVerfG betraf) ging man bewusst auf den Konflikt ein und entschied quasi durch die vom Grundgesetz gegebene Interpretationsmacht (vgl. Art. 93 GG) über den eigenen Status (vgl. Lembcke 2006: 151 – 154). An dieser Begebenheit lässt sich auch deutlich erkennen, dass es sich bei Entscheidungen des BVerfG um Verfassungsrecht, also politisches Recht, handelt. So bezeichnet Oliver Lembcke die „Statusdenkschrift" und die anschließenden Diskussionen auch als „eine Konfrontation, die im Kern ein politischer Kampf um Anerkennung war" (Lembcke 2006: 161).

Dass das BVerfG seine Autorität mit der „Statusdenkschrift" festigte, lässt sich weiterhin an dem Fakt erkennen, dass es quasi über keine Durchsetzungsinstrumente verfügt, die Politiker den Entscheidungen dennoch meist folgen (vgl. Voigt 2006: 65). Doch auch in der Bevölkerung genießen die Richter von Karlsruhe hohes Ansehen. Hier spielt sicher eine weitere Eigenschaft des Grundgesetzes eine wichtige Rolle, die bereits im Zitat von Norbert Lammert erkennbar wurde. Es funktioniert als Identitätsanker („Selbstverständnis").

Das BVerfG dient der Stabilität der „freiheitlichsten Verfassung, die Deutschland in seiner Geschichte je hatte", so Norbert Lammert in seinem oben angeführten Geleitwort weiter. Anhand der vorangegangenen Ausführungen und angesichts des konstitutiven Inhalts des Grundgesetzes für die Bundesrepublik Deutschland lässt sich schon im Vorgriff sagen, dass jeder Eingriff in die Kompetenzen des BVerfG nicht nur eine juristische, sondern vor allem auch eine politische Problematik aufwirft. Es sind hierbei quasi nicht nur rechtliche Grundfragen betroffen, sondern eine gesamte Gesellschaft in ihrem nationalen Selbst- und Souveränitätsverständnis sowie der Schutz der Minderheiten.

---

[5] Abgedruckt in: Jahrbuch des öffentlichen Rechts der Gegenwart 6 (1957), 144 ff.

3. Der Europäische Gerichtshof

Der EuGH hat seit Gründung der Europäischen Gemeinschaft Bestand. Bereits 1952 in der Europäischen Gemeinschaft für Kohle und Stahl eingeführt, wurde er 1958 zum gemeinsamen Gericht der Europäischen Gemeinschaften. Aufgrund der hohen Arbeitsbelastung wurden ihm später noch das Gericht erster Instanz und das Gericht für den öffentlichen Dienst zur Seite gestellt, sodass diese drei Institutionen heute die Gerichtsbarkeit der Europäischen Union bilden (vgl. Magiera 2009: 19). Die 27 Richter (pro Mitgliedsland ein Richter) und 8 Generalanwälte beim EuGH sind für die Wahrung des Rechts bei der Anwendung und Auslegung des Gemeinschaftsrechts verantwortlich und üben damit im Hinblick auf den Rechtsschutz für die Unionsbürger eine ähnliche Funktion wie die Richter des Bundesverfassungsgerichtes aus. Die Betonung muss hierbei allerdings auf ähnlich liegen, denn in Deutschland basieren die Entscheidungen auf dem Grundgesetz, während der EuGH auf keine Verfassung[6], sondern hauptsächlich auf die Vertragstexte und die Europäischen Menschenrechtskonventionen zurückgreift (vgl. Heer-Reißmann 2008: 100). Allerdings zeichnet sich mit der Ratifizierung des Vertrags von Lissabon und der nun kodifizierten Charta der Grundrechte der Europäischen Union eine positive Entwicklung ab, die im nächsten Punkt noch einmal angedeutet wird.

Vergleichend zum BVerfG muss in diesem Teil ebenfalls die Frage nach dem Status des EuGH gestellt werden. Grundsätzlich ist zu konstatieren, dass er innerhalb der EU auch eine hohe Stellung genießt. Die Ressource dafür tritt hierbei allerdings nicht als ein Katalog von Grundrechten auf, denn dieser wurde, wie oben bereits erwähnt, erst 2009 kodifiziert und spielt demnach beispielsweise in der Wahrnehmung der Unionsbürger sicher noch keine große Rolle. Ob der EuGH im Vergleich zum BVerfG in Deutschland ein ähnlich hohes Ansehen hat, ist ebenfalls zu bezweifeln. Wieso genießt er dennoch auf staatlicher und supranationaler Ebene eine so starke Autorität?

Die Antwort scheint hier, wie bei vielen anderen Fragen zur Verfasstheit der EU: der Wille zur europäischen Integration. Wie so oft ziehen die Wissenschaftler und Politiker Parallelen zum Nationalstaat, indem der Schutz der Grundrechte, die im Endeffekt als Abwehrrechte gegenüber dem Staat bezeichnet werden können, als ein wesentliches Prinzip einer Rechtsordnung und damit als „Legitimitätskatalysator" gedacht wird (vgl. Rothley 1992: 20). Die Idee ist also knapp zusammengefasst, dass die EU auch nur Legitimität erreichen

---

[6] Der Versuch der EU eine Verfassung zu geben scheiterte 2005 an den Referenden in Frankreich und in den Niederlanden. Als „Ersatz" wurde 2007 der Vertrag von Lissabon unterzeichnet.

kann, wenn sie Grundrechte auf Gemeinschaftsebene kodifiziert und wahrt. Hierbei lässt sich natürlich auch wieder die implizite Hoffnung auf ein finales Ziel der europäischen Integration in Form von den „Vereinigten Staaten von Europa" unterstellen.

Im politischen Kampf um Anerkennung hat es der EuGH deutlich schwerer, da er sich bei seinen Entscheidungen ständig mit 27 Regierungen und damit einer Vielzahl an Meinungen und Rechtsverständnissen konfrontiert sehen muss. Statt einer Denkschrift, wie vom BVerfG genutzt, nutzt der EuGH vor allem Entscheidungen, um seinen Status gegenüber den Mitgliedsländern zu klären. Im „Urteil des EuGH in Sachen van Gend & Loos gegen Niederländische Finanzverwaltung vom 5. Februar 1963"[7] werden bereits in den Leitsätzen (insbesondere Punkt 3 – 5) die Grundlagen für die Einstellung des EuGH gegenüber staatlichen Gerichten gelegt. Erstens erfolgt die Definition der Europäischen Wirtschaftsgemeinschaft als „neue Rechtsordnung des Völkerrechts". Damit ist die eigenständige Ebene des „Gemeinschaftsrechts" gemeint, von der besonders auch in der Diskussion um Kompetenzkonflikte zwischen EuGH und BVerfG Gebrauch gemacht wird. Zweitens ergibt sich aus der Definition die Überordnung des Gemeinschaftsrechts im Vergleich zum staatlichen Recht, die in späteren Entscheidungen noch einmal deutlicher aufgezeigt wird[8]. Einerseits zeigt sich hiermit (besonders auch mit dem heutigen Bezug auf die Charta der Grundrechte der EU) das „grundrechtliche Mehrebenen-System" (Rohleder 2009: 30) und andererseits verschafft sich der EuGH damit Autorität.

Die Leitsätze der Entscheidungen (insbesondere Fn. 8) wirken oft wie ein Appell an die Mitgliedsstaaten die Europäische Integration durch europafreundliche Anpassungen der eigenen Verfassungsüberlieferungen zu fördern. Sie sind quasi das Mittel des EuGH im politischen Kampf um Anerkennung. Dabei werden die Ziele der EU genutzt, die von den Mitgliedsländern formuliert wurden und so verleihen die Regierungen über ihren in den Verträgen formulierten Willen einer fortschreitenden Europäischen Integration dem EuGH in gewissem Maße die Grundlage für seinen hohen Status.

Das weiter oben eingeführte Bild eines Mehrebenen-Systems ist natürlich nicht in Form einer strikten Abtrennung zu verstehen, denn die Institutionen stehen in verschiedenen Beziehungen, die für einen guten Grundrechtsschutz untersucht werden müssen (vgl. Rohleder 2009: 31). Das wird sich exemplarisch am nächsten Punkt zeigen.

---

[7] Online verfügbar unter:
http://www.europarl.europa.eu/brussels/website/media/Basis/Organe/EuGH/Pdf/van_Gend_Loos.pdf (letzter Zugriff am 12.07.2011)
[8] Zum Beispiel in der Rechtssache 11/70 des EuGH vom 17.12.1970. Verfügbar unter: http://eur-lex.europa.eu/LexUriServ/LexUriServ.do?uri=CELEX:61970J0011:DE:HTML (letzter Zugriff am 12.07.2011)

4. Beispiel: Entscheidung zum Lissabon-Vertrag

Wie im Teil zum EuGH bereits angedeutet, hat der Vertrag von Lissabon einige wichtige Veränderungen mit sich gebracht. Aus diesem Grund möchte ich hier zuerst die Neuerungen nennen, die den Gerichtshof und die Grundrechte betreffen. Im Anschluss soll kurz die Entscheidung des BVerfG zum Vertrag im Hinblick auf diese Punkte beleuchtet werden.

4.1. Neuerungen

Der Vertrag von Lissabon hat dem EuGH innerhalb der EU mehr Autorität eingebracht. Er genießt fortan oberste Priorität im Vergleich zum Gericht erster Instanz (jetzt einfach nur „Gericht", dem die „Fachgerichte" beigeordnet sind) (vgl. Fischer 2009). Weiterhin wurde im Bezug auf die ehemaligen Drei Säulen der Europäischen Union[9] festgehalten, dass er eine „allgemeine Zuständigkeit zur Vorabentscheidung im Bereich des Raums der Freiheit, der Sicherheit und des Rechts" erwirbt (Gerichtshof der Europäischen Gemeinschaften 2009). Die wichtigste Neuheit betrifft allerdings den EuGH eher indirekt: die rechtliche Gleichstellung/Kodifizierung der Charta der Grundrechte der Europäischen Union.

1999 wurde die Charta im europäischen Konvent unter dem Vorsitz von Roman Herzog erarbeitet. Nach Billigung des Entwurfs durch den Europäischen Rat und dem Europäischen Parlament proklamierte man die Charta im Rahmen der Regierungskonferenz in Nizza im Jahr 2000. Die erwähnte Gleichstellung mit dem Vertrag von Lissabon[10] führte dazu, dass sich nun Unionsbürger vor dem EuGH auf dieses Dokument berufen können. Doch auch der Gerichtshof erlangt damit deutliche Vorteile. Erstens ist ihm nun der Rückgriff auf ein Dokument möglich, dass die bisherigen Rechtsquellen (Europäische Menschrechtskonventionen, Verfassungstradition der Mitgliedsstaaten etc.) zu vereinen gedenkt. Zweitens hat die Charta, zumindest für die Europapolitiker[11], einen ähnlichen Symbolcharakter wie das Grundgesetz in Deutschland. Sie dient so gewissermaßen als eine „starke Rechtsquelle", aus der sich wiederum ein Autoritätsgewinn für den EuGH speist.

Für die Ratifizierung des Lissabon-Vertrags war aufgrund von mehreren Beschwerden eine Entscheidung des BVerfG zur Vereinbarkeit mit dem deutschen Grundgesetz nötig, die

---

[9] Die drei Säulen: Die Europäischen Gemeinschaften (EG), Gemeinsame Außen- und Sicherheitspolitik (GASP), Polizeiliche und justizielle Zusammenarbeit in Strafsachen (PJZS).
[10] Die Charta wurde für alle Mitgliedsstaaten außer Polen und dem Vereinigten Königreich für bindend erklärt.
[11] So zum Beispiel Jaques Chirac: „Dieser Text besitzt einen großen politischen Wert." (Straßburg, 12.12.2000, Quelle: http://www.europarl.europa.eu/charter/default_de.htm)

sich im sogenannten „Lissabon-Urteil" niederschlägt. Ich möchte nun kurz darauf eingehen, um Hinweise für meine anfangs genannten Leitfragen finden zu können.

4.2. Entscheidung des BVerfG

Das „Lissabon-Urteil" reiht sich in die Grundsatzentscheidungen des BVerfG zu Verträgen der EU ein, verbleibt aber grundsätzlich im alten Muster. Der Grund dafür ist unter anderem die Gleichförmigkeit der Verfassungsbeschwerden, die vor allem immer wieder die Problematik der „Kompetenz-Kompetenz" [12] aufgreifen (vgl. Ooyen 2010: 84). Die Argumentation des BVerfG beruht auf einer staatstheoretischen Trinitätslehre, die aus der Verbindung von nationaler Demokratie, Staatlichkeit und Souveränität besteht (vgl. Ooyen 2010: 86). Die Schlussfolgerung zeigt sich bereits am ersten Leitsatz der Entscheidung[13], denn hier wird deutlich, dass Demokratie sich nach dem BVerfG nur in Staaten manifestieren kann. Zwar ist die Beteiligung am europäischen Staatenbund aus der Sicht des Grundgesetzes (vgl. auch Artikel 23 GG) positiv zu bewerten, ein Aufgehen in einem europäischen Bundesstaat damit wiederum nicht vereinbar (vgl. auch Bundeszentrale für politische Bildung 2009).

Weiterhin festigt das BVerfG gegenüber der EU (und damit auch dem EuGH) seine Stellung. Mit der „Rechtsbruchklausel" fällt die Letztentscheidungskompetenz bei einer Normenkollision auf das BVerfG zurück, was mit der Wahrung der kernstaatlichen Identität begründet wird. Im Fall einer unterschiedlichen Auslegung, die die Identität berührt, soll also europäisches Recht nicht angewendet werden. Aus Sicht der EU könnte das wiederum ein Vertragsverletzungsverfahren nach sich ziehen. Naheliegend folgt Ooyen, dass maximal das Grundgesetz, aber nicht das BVerfG als europafreundlich betrachtet werden kann und fragt, ob das Karlsruher Gericht nun eher als „Hüter des Staates" und nicht als „Hüter der Verfassung" betrachtet werden muss (vgl. Ooyen 2010: 88f.).

Rückblickend auf die anderen Entscheidungen wird aber auch weiterhin ein gewisser Spielraum dem EuGH überlassen. Seit dem „Solange-II"-Beschluss (1986) erkennt das BVerfG die prinzipielle Haltung des EuGH, dass Gemeinschaftsrecht über dem nationalen Recht steht, an, wobei dies unter der Bedingung steht, dass das erreichte Niveau der Grundrechte auf europäischer Ebene nicht absinkt. Damit wurde eine hohe, praktisch nicht

---

[12] Die Befürchtung, dass die EU so viele Befugnisse/Rechte erhält, dass sie sich selber Kompetenzen zuteilen kann.
[13] Verfügbar unter: http://www.bundesverfassungsgericht.de/entscheidungen/es20090630_2bve000208.html (letzter Zugriff am 13.07.2011)

überwindbare Hürde für Verfassungsbeschwerden dieser Art geschaffen, da schon die Charta der Grundrechte zeigt, dass eher von einem ständigen Steigern des Grundrechtsniveaus gesprochen werden kann. Abschließend ist hier außerdem noch das „Maastricht-Urteil" (1992)[14], sowie in Ergänzung der „Beschluss zur Bananenmarktordnung" (2000)[15] zu nennen, in denen das BVerfG von einem „Kooperationsverhältnis" mit dem EuGH spricht, wobei der EuGH den Grundrechtsschutz für das gesamte Gebiet der Europäischen Gemeinschaft gewährleisten soll und das BVerfG sich im Gegenzug auf die generelle Gewährleistung unabdingbarer Grundrechtsstandards beschränken möchte (vgl. Heer-Reißmann 2008: 308).

Als Fazit aus dieser knappen Betrachtung lässt sich ein zwiespältiges Verhältnis zwischen EuGH und BVerfG konstatieren. Einerseits eine wenig europafreundliche Rechtsprechung des BVerfG und andererseits das gemeinsame Streben nach Europäischer Integration. Wo liegen in dieser Beziehung mögliche Konfliktpunkte und wie sind sie politisch zu bewerten?

5. Politische Folgen

Grundlegend sind die Kompetenzen zwischen den beiden Gerichten fest verteilt. Das BVerfG genießt höchste Autorität als nationales Gericht, ist aber in Gemeinschaftsfragen dem EuGH unterworfen (vgl. Schlaich & Korioth 2010: 15). Im Rahmen der Einbindung der Bundesrepublik Deutschland in die Europäische Union und im Hinblick auf die ständige Weiterentwicklung dieses Staatenbundes sui generis wird aber auch schnell klar, dass bei einer detaillierten Untersuchung durchaus Reibungspunkte auftreten können. Die vorangegangenen Betrachtungen haben im Wesentlichen vier (miteinander zusammenhängende) Hinweise darauf geliefert, die hier noch einmal kurz angeführt werden und anschließend unter politischen Gesichtspunkten untersucht werden sollen: Misstrauen des BVerfG gegenüber dem EuGH (zeigt sich durch einbehaltene Prüfungskompetenz des BVerfG), fehlende Legitimation der EU und damit auch des EuGH, staatliche Trinitätslehre des BVerfG in seinen Entscheidungen, Unklarheit über finales Ziel der Europäischen Integration (Folge: unklare Entscheidungsgrundlage?).

---

[14] Verfügbar unter: http://www.servat.unibe.ch/dfr/bv089155.html (letzter Zugriff am 13.07.2011)
[15] Verfügbar unter: http://www.servat.unibe.ch/dfr/bv102147.html (letzter Zugriff am 13.07.2011)

Betrachtet man die Entscheidungen des BVerfG, dann wird man das Gefühl nicht los, dass sie auf einer gewissen Art von Misstrauen beruhen. Der Eindruck wird genährt durch die Prüfungskompetenz im Falle „ausbrechender Rechtsakten"[16], die sich das BVerfG vorbehält, aber auch durch die sich anschließende „Rechtsbruchklausel" bei Normkollision. Hier hinter verbirgt sich einerseits die Befürchtung einer „Kompetenz-Kompetenz" und damit andererseits auch die politische Problematik der staatlichen/nationalen Identität, die auf einer europäischen Ebene bisher weitestgehend negative Befunde in der wissenschaftlichen Literatur erhielt. Kollektive Identität manifestiert sich in Dokumenten wie dem Grundgesetz oder einer gemeinsamen Sprache und reagiert meist empfindlich auf Eingriffe von außen. Urteilt der EuGH über eine Grundrechtswidrigkeit, so muss diese Entscheidung mit Vorrang vor nationalem Recht umgesetzt werden (vgl. Rohleder 2009: 396). Allerdings erfordert eine solche Entscheidung häufig die Berücksichtigung nationaler oder regionaler Besonderheiten (vgl. Skouris 2007: 36). Demnach ist ein Eingriff in die nationale Identität ohne einen „Kompensator" in Form von einer europäischen Identität für das BVerfG denkbar und das kann politisch problematische Folgen wie Abschottung[17] oder (weiterer) Legitimitätsentzug für die EU produzieren.

Faktisch betrachtet bestand zwar bisher kein solch akuter Konflikt (vgl. Papier 2007: 143). Er ist allerdings denkbar und somit zum politischen Konfliktpotenzial zu zählen. Daran ändert das im „Maastricht-Urteil" proklamierte „Kooperationsverhältnis" auch nichts.

Fehlende Legitimation der EU/des EuGH

Der ständige Vorwurf gegenüber der EU aus verschiedenen Veröffentlichungen ist auch hier anzuführen. Um seinen Vorrang sicherzustellen, hat der EuGH seine Grundrechtsprechung immer weiter auch auf Handlungen der Mitgliedsländer ausgeweitet. Abgesehen von dem Vorwurf des Aktionismus ist vor allem die Demokratieproblematik interessant, denn der EuGH ist nicht verfassungsrechtlich legitimiert, hinterfragt aber einen unmittelbar demokratisch legitimierten Gesetzgebungsprozess (vgl. Rohleder 2009: 389). Daher sind die Entscheidungen des BVerfG oft etatistisch und werden somit teilweise auch als „europafeindlich" bezeichnet. Das heißt, dass die EU in den Augen der Karlsruher Richter auf

---

[16] Auch: „Ultra-Vires"-Akte
[17] Ein aktuelles Beispiel ist der Wahlerfolg der „Wahren Finnen" in Finnland, die mit eben solchen Ideen bei den WählerInnen punkten konnten.

bloße Mitgliedsstaaten „kürzbar" ist und als eigenständige Ebene legitimatorische Defizite aufweist (vgl. Ooyen 2010: 78f.).

Politisch wird ein dem Grundgesetz ähnlicher Grundrechtsschutz durch die EU anerkannt (Art. 23, Abs. 1 GG), aber die Kompetenzen sollen dennoch aufgrund der fehlenden Legitimation durch ein „Europäisches Volk" oder eine „Europäische Öffentlichkeit" in gewissen Grenzen gehalten werden. Somit ist auch hier aus der Literatur ein politisches Konfliktpotenzial zwischen BVerfG und EuGH zu diagnostizieren.

Staatliche Trinitätslehre des BVerfG in seinen Entscheidungen

Dieser Punkt schließt eng an die beiden vorangegangenen Probleme an. Hierbei steht allerdings vor allem die Grundhaltung des BVerfG im Mittelpunkt, die eine funktionierende Demokratie nur für Staaten bescheinigt (vgl. Ooyen 2010). Es deutet sich an, dass der EuGH und das BVerfG unterschiedliche Ausgangspunkte in ihren Argumentationen haben. Das Karlsruher Gericht nimmt die Mitgliedschaft im Staatenbund, dessen Gemeinschaftsgewalt durch die Staaten wirkt und das BVerfG somit eine Prüfungskompetenz besitzt, zur Grundlage. Der Gerichtshof in Luxemburg sieht diese Verbindung wiederum nicht, denn durch das Gemeinschaftsrecht hätten die Staaten eine eigenständige Rechtsordnung mit autonomer Rechtsgewalt geschaffen (vgl. Papier 2007: 147).

Unterschiedliche Auslegungen des Gemeinschaftsrechts und des Grundrechts können also zu unterschiedlichen politischen Vorstellungen von Handlungsautonomie führen und Konflikte verursachen.

Unklarheit über finales Ziel der Europäischen Integration

Der letzte Punkt ist mir bei der Nachbetrachtung meiner Recherchen zum Thema aufgefallen. Immer wieder wird von der fortschreitenden Europäischen Integration gesprochen und das sowohl die Politiker auf der Ebene der EU, wie auch auf staatlicher Ebene dabei mithelfen sollen. Allerdings ist dabei nicht klar, wohin die Integration führen soll. Der aktuelle Zustand wird immer wieder als ein Staatenbund sui generis, einzuordnen zwischen einem „einfachen" Staatenbund und einem Bundesstaat, beschrieben. In der Literatur wird auf der einen Seite für ein Verbleiben als Staatenbund und auf der anderen Seite für die „Vereinigten Staaten von Europa" plädiert. Die Verträge der EU/EG lassen weitestgehend offen, wohin der

Schritt von der wirtschaftlichen zu einer politischen Integration führen soll und fügen höchstens mit jedem neuen Vertragswerk weitergehende Ziele hinzu.

Diese Unklarheit kann sich negativ auf die Beziehung zwischen dem BVerfG und dem EuGH auswirken, da die Verteilung von Kompetenzen vor allem auf der argumentativen Grundlage der Europäischen Integration funktioniert. Begegnet man den Bemühungen der EU vorsichtig, so läuft man schnell Gefahr dem Vorwurf der „Europafeindlichkeit" ausgesetzt zu sein. Lässt man allerdings die Übertragung von Hoheitsrechten ungefragt zu, riskiert man eine „Kompetenz-Kompetenz" und demokratische Probleme, die in meinen Punkten weiter oben bereits deutlich geworden sind. Ohne eine klar formulierte Zielsetzung der Staaten ist keine gemeinsame Entscheidungsgrundlage für das BVerfG und den EuGH gegeben, was Konflikte hervorrufen könnte.

6. Fazit

Zusammenfassend hat sich in meiner Hausarbeit anhand der einzelnen Betrachtung der beiden Institutionen gezeigt, dass sie jeweils eine hohe Autorität genießen, die jedoch auf unterschiedlichen Grundlagen beruht. Beim BVerfG sind hier das Grundgesetz und die Anerkennung in der Bevölkerung zu sehen, während der EuGH vor allem auf die europäischen Eliten und (seit der Ratifizierung des Vertrags von Lissabon) auch auf die Charta der Grundrechte zurückgreift. In gewisser Weise bestätigt sich hier der Vorwurf, dass die EU ein „Elitenprojekt" ist. Das Beispiel konnte anschließend weitere Ansatzpunkte für die politische Betrachtung liefern und ermöglichte somit ein besseres Bild der untersuchten Beziehung.

Es gilt nun, auf die Leitfragen vom Anfang zurückzukehren und dabei ist zuvorderst festzustellen, dass aus politikwissenschaftlicher Sicht definitiv Konfliktpotenzial zwischen dem BVerfG und dem EuGH vorhanden ist. Ich konnte in meiner Hausarbeit vier Punkte (siehe vorangegangenen Abschnitt) herausfiltern, die mir bei der Lektüre immer wieder auffielen und natürlich auch eng zusammengehören. Jedoch überrascht es eigentlich kaum, dass sich solche „Reibungspunkte" finden lassen, denn die Beziehung zwischen den Nationalstaaten und der EU/EG ist seit jeher von Pro-Kontra-Diskussionen geprägt. Außerdem lässt die Einzigartigkeit der EU[18] keine Vergleichsmöglichkeiten übrig, wodurch sich in der Literatur immer nur vorsichtig prognostizieren lässt, was die Übertragung dieser

---

[18] Besonders auch für den EuGH gilt, dass oft zu wenig dessen Einzigartigkeit Rechnung getragen wird. Ein guter Ansatz für den Unterschied zu nationalen Verfassungsgerichten findet sich bei: Hong 2010: 696.

oder jener Kompetenzen in der Folge für den Nationalstaat bedeuten könnte oder wie die Chancen bspw. für eine bessere Legitimation der EU stehen.

So ist die zweite Leitfrage der (persönlichen) Bewertung des (real)politischen Konfliktpotenzials sicher von größerem Interesse. Dabei würde ich vor allem Hans-Jürgen Papier zustimmen, der keine „akuten Konflikte" zwischen dem BVerfG und dem EuGH sieht (Papier 2007: 143). Als aktuelle Beispiele lassen sich hier die „Honeywell"-Entscheidung (2010) oder die „Mangold"-Entscheidung (2005) des BVerfG anführen, die die Hürden für eine Verfassungsbeschwerde gegenüber Gemeinschaftsrecht sehr hoch legen und mit Instrumenten wie einer eingeräumten Fehlertoleranz gegenüber dem EuGH im Gegensatz zu den Ausführungen von Ooyen eine grundlegende Europarechtsfreundlichkeit vermuten lassen (vgl. Mayer & Walter 2011). Die von mir genannten Punkte bergen natürlich ein hohes politisches Konfliktpotential in sich, aber eben auch eine Chance und diese liegt, wie bei der EU, in der Vielseitigkeit. Statt Schwarzmalerei zu betreiben, scheint mir eher der Blick auf die reale konkurrierende Tätigkeit der beiden Institutionen als interessant, denn diese kann den Prozess der Europäischen Integration entscheidend positiv mitprägen.

Hinzu kommt, dass die Grundrechte der Bürger in meinen Augen nicht in großer Gefahr sind, sondern immer besser geschützt werden durch die Zusammenarbeit der Gerichte. Es genügt bereits ein Blick nach Weißrussland, der die Wichtigkeit eines starken (Mehrebenen-)Grundrechtschutzes auch in Europa unterstreicht. Aus genau diesem Grund ist es aber gleichfalls unerlässlich für die Rechts- und Politikwissenschaften die Beziehung zwischen den verschiedenen Institutionen zu untersuchen, da die Gefahr, dass „ein Übermaß an Recht irgendwann umschlagen kann in Unrecht" (Hirsch 2006: 7), dennoch vorhanden ist.

Politisch gesehen ist aufgrund der noch unklaren Zielstellung der Europäischen Integration eine starke Stellung des BVerfG zu verteidigen, die allerdings mit einer europarechtsfreundlichen Einstellung einhergehen sollte, denn der EuGH kann der Fundierung und Stärkung der Legitimität der Gemeinschaft dienen (vgl. Heer-Reißmann 2008: 101). Diese Legitimität wiederum ist unabdingbar für das Ziel eines „Vereinten Europas", wie es im Art. 23 GG formuliert ist – egal in welcher Form.

7. Literatur- und Quellenverzeichnis

Bundeszentrale für Politische Bildung, 2009: Urteil des Bundesverfassungsgerichts zum Vertrag von Lissabon.
http://www.bpb.de/themen/NIPB3X,0,0,Urteil_des_Bundesverfassungsgerichts_zum_Vertrag_von_Lissabon.html (letzter Zugriff am 13.07.2011)

Fischer, Severin, 2009: Der Europäische Gerichtshof. S. 31 – 32 in: *Lieb, Julia* und *Andreas Maurer (Hrsg.)*, Der Vertrag von Lissabon. Kurzkommentar. SWP-Diskussionspapier, 3. Aktualisierte Auflage. Verfügbar unter: http://swp-berlin.org/fileadmin/contents/products/arbeitspapiere/Vertrag_Lissabon_Kurzkommentar_3rd_edition_090421_KS.pdf (letzter Zugriff am 13.07.2011).

Gerichtshof der Europäischen Gemeinschaften, 2009: Pressemitteilung Nummer 104/09. Verfügbar unter: http://curia.europa.eu/jcms/upload/docs/application/pdf/2009-12/cp090104de.pdf (letzter Zugriff am 13.07.2011).

Heer-Reißmann, Christine, 2008: Die Letztentscheidungskompetenz des Europäischen Gerichtshofes für Menschenrechte in Europa : eine Untersuchung zum Verhältnis von EGMR und EuGH in Menschenrechtsfragen unter Berücksichtigung des Verhältnisses des BVerfG zum EuGH. Frankfurt a. M.: Lang.

Hirsch, Günter, 2006: Schutz der Grundrechte im „Bermuda-Dreieck" zwischen Karlsruhe, Straßburg und Luxemburg. Europarecht Beiheft 1/2006: 7 – 18.

Hong, Quoc Loc, 2010: Constitutional Review in the Mega-Leviathan: A Democratic Foundation for the European Court of Justice. European Law Journal Vol. 16, No. 6: 695 – 716.

Lembcke, Oliver, 2006: Das Bundesverfassungsgericht und die Regierung Adenauer – Vom Streit um den Status zur Anerkennung der Autorität. S. 151 – 161 in: *Ooyen, Robert Chr. Van* und *Martin H. W. Möllers (Hrsg.)*, Das Bundesverfassungsgericht im politischen System. Wiesbaden: VS Verlag.

Magiera, Siegfried, 2009: Europäischer Gerichtshof. S. 199 – 204 in: *Weidenfeld, Werner* und *Wolfgang Wessels (Hrsg.)*, Europa von A bis Z. Taschenbuch der Europäischen Integration. Baden-Baden: Nomos.

Mayer, Franz und *Maja Walter*, 2011: Die Europarechtsfreundlichkeit des BVerfG nach dem Honeywell-Beschluss. JURA 7/2011: 532 – 542.

Ooyen, Robert Chr. Van, 2010: Die Staatstheorie des BVerfG und Europa. Baden-Baden: Nomos.

Papier, Hans-Jürgen, 2007: Gerichte an ihren Grenzen. Das Bundesverfassungsgericht. S. 135 – 157 in: *Hilf, Meinhard (Hrsg.)*, Höchste Gerichte an ihren Grenzen. Wissenschaftliche Abhandlungen und Reden zur Philosophie, Politik und Geistesgeschichte, Band 46. Berlin: Duncker und Humboldt.

Rohleder, Kristin, 2009: Grundrechtsschutz im Mehrebenen-System. Baden-Baden: Nomos.

Rothley, Willi, 1992: Die europäische Dimension der Grundrechte. S. 19 – 25 in: *Weidenfeld, Werner (Hrsg.)*, Der Schutz der Grundrechte in der Europäischen Gemeinschaft. Mainzer Beiträge zur Europäischen Einigung, Band 13. Bonn: Europa Union Verlag.

Schlaich, Klaus und *Stefan Korioth*, 2010: Das Bundesverfassungsgericht. Stellung, Verfahren, Entscheidungen: ein Studienbuch. München: Beck.

Skouris, Vassilios, 2007: Höchste Gericht an ihren Grenzen – Bemerkungen aus der Perspektive des Gerichtshofes der Europäischen Gemeinschaften. S. 19 – 38 in: *Hilf, Meinhard (Hrsg.)*, Höchste Gerichte an ihren Grenzen. Wissenschaftliche Abhandlungen und Reden zur Philosophie, Politik und Geistesgeschichte, Band 46. Berlin: Duncker und Humboldt.

Voigt, Rüdiger, 2006: Das Bundesverfassungsgericht in rechtspolitologischer Sicht. S. 65 – 85 in: *Ooyen, Robert Chr. Van* und *Martin H. W. Möllers (Hrsg.)*, Das Bundesverfassungsgericht im politischen System. Wiesbaden: VS Verlag.